Saké
Tasting
Journal

HTJ PUBLICATIONS

This book belongs to

_____

_____

_____

Using the Flavor Wheel

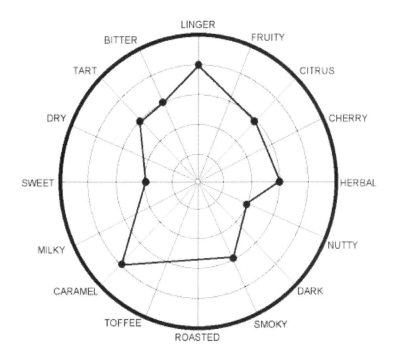

The above flavor wheel is only an example.

The flavor wheel is used to chart the individual flavors and textures of the food or drink you are tasting. When you find a particular flavor or texture of a low value, mark it with a dot nearer to the wheel's center. When you find a particular flavor or texture of a higher value, mark it with a dot nearer to the outside of the wheel. After you have marked all the dots, you can connect them, then compare one food or drink to another. As you become more familiar with using the wheel, you should find you are able to chart all the subtle tastes.

SAKÉ NAME _____ **ABV** _____

BREWER _____ **PRICE** _____ **DATE** _____

SAKÉ GRADE _____ **MY RATING** ☆☆☆☆☆

FLAVOR WHEEL

ALCOHOL
HEAT
UMAMI
BALANCE
FLORAL
BODY
BITTER
SOUR
SPICY
SWEET
NUTTY
FRUITY
EARTHY
CITRUS
HERBY
MELON

STYLE

KOSHU	☐	KIMOTO	☐
NAMA	☐	NIGORI	☐
GENSHU	☐	OTHER	☐

SAKÉ STATS

RPR _____
ACIDITY _____
YEAST _____
TEMP _____

NOTES _____
_____
_____
_____
_____
_____
_____
_____
_____

SAKÉ NAME _____ ABV _____

BREWER _____ PRICE _____ DATE _____

SAKÉ GRADE _____ MY RATING ☆☆☆☆☆

FLAVOR WHEEL

ALCOHOL
HEAT · UMAMI
BALANCE · FLORAL
BODY · BITTER
SOUR · SPICY
SWEET · NUTTY
FRUITY · EARTHY
CITRUS · HERBY
MELON

STYLE

KOSHU	☐	KIMOTO	☐
NAMA	☐	NIGORI	☐
GENSHU	☐	OTHER	☐

SAKÉ STATS

RPR _____
ACIDITY _____
YEAST _____
TEMP _____

NOTES _____
_____
_____
_____
_____
_____
_____
_____
_____

SAKÉ NAME _____ ABV _____

BREWER _____ PRICE _____ DATE _____

SAKÉ GRADE _____ MY RATING ☆☆☆☆☆

FLAVOR WHEEL

ALCOHOL
HEAT
UMAMI
BALANCE
FLORAL
BODY
BITTER
SOUR
SPICY
SWEET
NUTTY
FRUITY
EARTHY
CITRUS
HERBY
MELON

STYLE

KOSHU ☐   KIMOTO ☐
NAMA ☐   NIGORI ☐
GENSHU ☐   OTHER ☐

NOTES _____

SAKÉ STATS

RPR _____
ACIDITY _____
YEAST _____
TEMP _____

SAKÉ NAME _____ ABV _____

BREWER _____ **PRICE** _____ **DATE** _____

SAKÉ GRADE _____ **MY RATING** ☆ ☆ ☆ ☆ ☆

FLAVOR WHEEL

ALCOHOL
HEAT   UMAMI
BALANCE   FLORAL
BODY   BITTER
SOUR   SPICY
SWEET   NUTTY
FRUITY   EARTHY
CITRUS   HERBY
MELON

STYLE

KOSHU ☐   KIMOTO ☐
NAMA ☐   NIGORI ☐
GENSHU ☐   OTHER ☐

SAKÉ STATS

RPR _____
ACIDITY _____
YEAST _____
TEMP _____

NOTES _____
_____
_____
_____
_____
_____
_____
_____
_____
_____
_____
_____
_____
_____

SAKÉ NAME _____ ABV _____

BREWER _____ PRICE _____ DATE _____

SAKÉ GRADE _____ MY RATING ☆☆☆☆☆

FLAVOR WHEEL

ALCOHOL
HEAT
UMAMI
BALANCE
FLORAL
BODY
BITTER
SOUR
SPICY
SWEET
NUTTY
FRUITY
EARTHY
CITRUS
HERBY
MELON

STYLE

KOSHU ☐   KIMOTO ☐
NAMA ☐   NIGORI ☐
GENSHU ☐   OTHER ☐

NOTES _____

_____
_____
_____
_____
_____
_____
_____
_____
_____

SAKÉ STATS

RPR _____
ACIDITY _____
YEAST _____
TEMP _____

SAKÉ NAME _____ ABV _____

BREWER _____ **PRICE** _____ **DATE** _____

SAKÉ GRADE _____ **MY RATING** ☆☆☆☆☆

FLAVOR WHEEL

STYLE

KOSHU	☐	KIMOTO	☐
NAMA	☐	NIGORI	☐
GENSHU	☐	OTHER	☐

SAKÉ STATS

RPR _____
ACIDITY _____
YEAST _____
TEMP _____

NOTES _____
_____
_____
_____
_____
_____
_____
_____
_____
_____
_____

SAKÉ NAME _____ **ABV** _____

BREWER _____ **PRICE** _____ **DATE** _____

SAKÉ GRADE _____ **MY RATING** ☆☆☆☆☆

FLAVOR WHEEL

ALCOHOL
HEAT
UMAMI
BALANCE
FLORAL
BODY
BITTER
SOUR
SPICY
SWEET
NUTTY
FRUITY
EARTHY
CITRUS
HERBY
MELON

STYLE

KOSHU	☐	KIMOTO	☐
NAMA	☐	NIGORI	☐
GENSHU	☐	OTHER	☐

SAKÉ STATS

RPR _____
ACIDITY _____
YEAST _____
TEMP _____

NOTES _____
_____
_____
_____
_____
_____
_____
_____
_____
_____
_____
_____

SAKÉ NAME _____ **ABV** _____

BREWER _____ **PRICE** _____ **DATE** _____

SAKÉ GRADE _____ **MY RATING** ☆☆☆☆☆

FLAVOR WHEEL

ALCOHOL
HEAT
UMAMI
BALANCE
FLORAL
BODY
BITTER
SOUR
SPICY
SWEET
NUTTY
FRUITY
EARTHY
CITRUS
HERBY
MELON

STYLE

KOSHU ☐   KIMOTO ☐
NAMA ☐   NIGORI ☐
GENSHU ☐   OTHER ☐

SAKÉ STATS

RPR _____
ACIDITY _____
YEAST _____
TEMP _____

NOTES _____
_____
_____
_____
_____
_____
_____
_____
_____
_____

SAKÉ NAME _____ **ABV** _____

BREWER _____ **PRICE** _____ **DATE** _____

SAKÉ GRADE _____ **MY RATING** ☆☆☆☆☆

FLAVOR WHEEL

ALCOHOL
HEAT
UMAMI
BALANCE
FLORAL
BODY
BITTER
SOUR
SPICY
SWEET
NUTTY
FRUITY
EARTHY
CITRUS
HERBY
MELON

STYLE

KOSHU	☐	KIMOTO	☐
NAMA	☐	NIGORI	☐
GENSHU	☐	OTHER	☐

SAKÉ STATS

RPR _____
ACIDITY _____
YEAST _____
TEMP _____

NOTES _____
_____
_____
_____
_____
_____
_____
_____
_____
_____
_____
_____

SAKÉ NAME _____ ABV _____

BREWER _____ PRICE _____ DATE _____

SAKÉ GRADE _____ MY RATING ☆☆☆☆☆

FLAVOR WHEEL

ALCOHOL
HEAT   UMAMI
BALANCE   FLORAL
BODY   BITTER
SOUR   SPICY
SWEET   NUTTY
FRUITY   EARTHY
CITRUS   HERBY
MELON

STYLE

KOSHU ☐   KIMOTO ☐
NAMA ☐   NIGORI ☐
GENSHU ☐   OTHER ☐

SAKÉ STATS

RPR _____
ACIDITY _____
YEAST _____
TEMP _____

NOTES _____
_____
_____
_____
_____
_____
_____
_____
_____
_____
_____
_____
_____

SAKÉ NAME _____ ABV _____

BREWER _____ PRICE _____ DATE _____

SAKÉ GRADE _____ MY RATING ☆☆☆☆☆

FLAVOR WHEEL

ALCOHOL
HEAT
UMAMI
BALANCE
FLORAL
BODY
BITTER
SOUR
SPICY
SWEET
NUTTY
FRUITY
EARTHY
CITRUS
HERBY
MELON

STYLE

KOSHU	☐	KIMOTO	☐
NAMA	☐	NIGORI	☐
GENSHU	☐	OTHER	☐

SAKÉ STATS

RPR _____
ACIDITY _____
YEAST _____
TEMP _____

NOTES _____
_____
_____
_____
_____
_____
_____
_____
_____
_____

SAKÉ NAME _____ ABV _____

BREWER _____ **PRICE** _____ **DATE** _____

SAKÉ GRADE _____ **MY RATING** ☆☆☆☆☆

FLAVOR WHEEL

ALCOHOL

HEAT

UMAMI

BALANCE

FLORAL

BODY

BITTER

SOUR

SPICY

SWEET

NUTTY

FRUITY

EARTHY

CITRUS

HERBY

MELON

STYLE

KOSHU	☐	KIMOTO	☐
NAMA	☐	NIGORI	☐
GENSHU	☐	OTHER	☐

SAKÉ STATS

RPR _____
ACIDITY _____
YEAST _____
TEMP _____

NOTES _____
_____
_____
_____
_____
_____
_____
_____
_____
_____
_____
_____

SAKÉ NAME _____ **ABV** _____

BREWER _____ **PRICE** _____ **DATE** _____

SAKÉ GRADE _____ **MY RATING** ☆☆☆☆☆

FLAVOR WHEEL

ALCOHOL

HEAT   UMAMI

BALANCE   FLORAL

BODY   BITTER

SOUR   SPICY

SWEET   NUTTY

FRUITY   EARTHY

CITRUS   HERBY

MELON

STYLE

KOSHU	☐	KIMOTO	☐
NAMA	☐	NIGORI	☐
GENSHU	☐	OTHER	☐

SAKÉ STATS

RPR _____

ACIDITY _____

YEAST _____

TEMP _____

NOTES _____

_____

_____

_____

_____

_____

_____

_____

_____

_____

_____

_____

SAKÉ NAME _____ ABV _____

BREWER _____ **PRICE** _____ **DATE** _____

SAKÉ GRADE _____ **MY RATING** ☆☆☆☆☆

FLAVOR WHEEL

ALCOHOL
HEAT
UMAMI
BALANCE
FLORAL
BODY
BITTER
SOUR
SPICY
SWEET
NUTTY
FRUITY
EARTHY
CITRUS
HERBY
MELON

STYLE

KOSHU ☐   KIMOTO ☐
NAMA ☐   NIGORI ☐
GENSHU ☐   OTHER ☐

SAKÉ STATS

RPR _____
ACIDITY _____
YEAST _____
TEMP _____

NOTES _____
_____
_____
_____
_____
_____
_____
_____
_____
_____
_____
_____
_____

SAKÉ NAME _____ ABV _____

BREWER _____ PRICE _____ DATE _____

SAKÉ GRADE _____ MY RATING ☆☆☆☆☆

FLAVOR WHEEL

ALCOHOL
HEAT   UMAMI
BALANCE   FLORAL
BODY   BITTER
SOUR   SPICY
SWEET   NUTTY
FRUITY   EARTHY
CITRUS   HERBY
MELON

STYLE

KOSHU	☐	KIMOTO	☐
NAMA	☐	NIGORI	☐
GENSHU	☐	OTHER	☐

SAKÉ STATS

RPR _____
ACIDITY _____
YEAST _____
TEMP _____

NOTES _____
_____
_____
_____
_____
_____
_____
_____
_____
_____
_____
_____

SAKÉ NAME _____ ABV _____

BREWER _____ **PRICE** _____ **DATE** _____

SAKÉ GRADE _____ **MY RATING** ☆☆☆☆☆

FLAVOR WHEEL

ALCOHOL
HEAT   UMAMI
BALANCE   FLORAL
BODY   BITTER
SOUR   SPICY
SWEET   NUTTY
FRUITY   EARTHY
CITRUS   HERBY
MELON

STYLE

KOSHU	☐	KIMOTO	☐
NAMA	☐	NIGORI	☐
GENSHU	☐	OTHER	☐

SAKÉ STATS

RPR _____
ACIDITY _____
YEAST _____
TEMP _____

NOTES _____
_____
_____
_____
_____
_____
_____
_____
_____
_____
_____
_____

SAKÉ NAME _____ ABV _____

BREWER _____ PRICE _____ DATE _____

SAKÉ GRADE _____ MY RATING ☆☆☆☆☆

FLAVOR WHEEL

ALCOHOL
HEAT
UMAMI
BALANCE
FLORAL
BODY
BITTER
SOUR
SPICY
SWEET
NUTTY
FRUITY
EARTHY
CITRUS
HERBY
MELON

STYLE

KOSHU ☐   KIMOTO ☐
NAMA ☐   NIGORI ☐
GENSHU ☐   OTHER ☐

SAKÉ STATS

RPR _____
ACIDITY _____
YEAST _____
TEMP _____

NOTES _____
_____
_____
_____
_____
_____
_____
_____
_____
_____
_____
_____
_____

SAKÉ NAME _____ ABV _____

BREWER _____ **PRICE** _____ **DATE** _____

SAKÉ GRADE _____ **MY RATING** ☆☆☆☆☆

FLAVOR WHEEL

ALCOHOL
HEAT   UMAMI
BALANCE   FLORAL
BODY   BITTER
SOUR   SPICY
SWEET   NUTTY
FRUITY   EARTHY
CITRUS   HERBY
MELON

STYLE

KOSHU ☐   KIMOTO ☐
NAMA ☐   NIGORI ☐
GENSHU ☐   OTHER ☐

SAKÉ STATS

RPR _____
ACIDITY _____
YEAST _____
TEMP _____

NOTES _____
_____
_____
_____
_____
_____
_____
_____
_____
_____
_____

SAKÉ NAME _____ ABV _____

BREWER _____ PRICE _____ DATE _____

SAKÉ GRADE _____ MY RATING ☆☆☆☆☆

FLAVOR WHEEL

ALCOHOL
HEAT   UMAMI
BALANCE   FLORAL
BODY   BITTER
SOUR   SPICY
SWEET   NUTTY
FRUITY   EARTHY
CITRUS   HERBY
MELON

STYLE

KOSHU	☐	KIMOTO	☐
NAMA	☐	NIGORI	☐
GENSHU	☐	OTHER	☐

SAKÉ STATS

RPR _____
ACIDITY _____
YEAST _____
TEMP _____

NOTES _____

_____

_____

_____

_____

_____

_____

_____

_____

_____

_____

_____

SAKÉ NAME _____ ABV _____

BREWER _____ **PRICE** _____ **DATE** _____

SAKÉ GRADE _____ **MY RATING** ☆☆☆☆☆

FLAVOR WHEEL

ALCOHOL
HEAT   UMAMI
BALANCE   FLORAL
BODY   BITTER
SOUR   SPICY
                          NUTTY
SWEET
FRUITY   EARTHY
CITRUS   HERBY
MELON

STYLE

KOSHU	☐	KIMOTO	☐
NAMA	☐	NIGORI	☐
GENSHU	☐	OTHER	☐

SAKÉ STATS

RPR _____
ACIDITY _____
YEAST _____
TEMP _____

NOTES _____
_____
_____
_____
_____
_____
_____
_____
_____
_____
_____
_____
_____

SAKÉ NAME _____ **ABV** _____

BREWER _____ **PRICE** _____ **DATE** _____

SAKÉ GRADE _____ **MY RATING** ☆☆☆☆☆

FLAVOR WHEEL

STYLE

KOSHU	☐	KIMOTO	☐
NAMA	☐	NIGORI	☐
GENSHU	☐	OTHER	☐

SAKÉ STATS

RPR _____
ACIDITY _____
YEAST _____
TEMP _____

NOTES _____
_____
_____
_____
_____
_____
_____
_____
_____
_____
_____

SAKÉ NAME _____ ABV _____

BREWER _____ **PRICE** _____ **DATE** _____

SAKÉ GRADE _____ **MY RATING** ☆☆☆☆☆

FLAVOR WHEEL

ALCOHOL

HEAT   UMAMI

BALANCE   FLORAL

BODY   BITTER

SOUR   SPICY

      NUTTY

SWEET   EARTHY

FRUITY

CITRUS   HERBY

MELON

STYLE

KOSHU	☐	KIMOTO	☐
NAMA	☐	NIGORI	☐
GENSHU	☐	OTHER	☐

SAKÉ STATS

RPR _____
ACIDITY _____
YEAST _____
TEMP _____

NOTES _____

_____
_____
_____
_____
_____
_____
_____
_____
_____
_____
_____

SAKÉ NAME _____ **ABV** _____

BREWER _____ **PRICE** _____ **DATE** _____

SAKÉ GRADE _____ **MY RATING** ☆☆☆☆☆

FLAVOR WHEEL

ALCOHOL

HEAT   UMAMI

BALANCE   FLORAL

BODY   BITTER

SOUR   SPICY

SWEET   NUTTY

FRUITY   EARTHY

CITRUS   HERBY

MELON

STYLE

KOSHU	☐	KIMOTO	☐
NAMA	☐	NIGORI	☐
GENSHU	☐	OTHER	☐

SAKÉ STATS

RPR _____

ACIDITY _____

YEAST _____

TEMP _____

NOTES _____
_____
_____
_____
_____
_____
_____
_____
_____
_____
_____
_____

SAKÉ NAME _____ ABV _____

BREWER _____ PRICE _____ DATE _____

SAKÉ GRADE _____ MY RATING ☆☆☆☆1

FLAVOR WHEEL

ALCOHOL
HEAT UMAMI
BALANCE FLORAL
BODY BITTER
SOUR SPICY
SWEET NUTTY
FRUITY EARTHY
CITRUS HERBY
MELON

STYLE

KOSHU	☐	KIMOTO	☐
NAMA	☐	NIGORI	☐
GENSHU	☐	OTHER	☐

SAKÉ STATS

RPR _____
ACIDITY _____
YEAST _____
TEMP _____

NOTES _____

_____
_____
_____
_____
_____
_____
_____
_____
_____
_____
_____

SAKÉ NAME _____ **ABV** _____

BREWER _____ **PRICE** _____ **DATE** _____

SAKÉ GRADE _____ MY RATING ☆☆☆☆☆

FLAVOR WHEEL

ALCOHOL
HEAT
UMAMI
BALANCE
FLORAL
BODY
BITTER
SOUR
SPICY
SWEET
NUTTY
FRUITY
EARTHY
CITRUS
HERBY
MELON

STYLE

KOSHU	☐	KIMOTO	☐
NAMA	☐	NIGORI	☐
GENSHU	☐	OTHER	☐

SAKÉ STATS

RPR _____
ACIDITY _____
YEAST _____
TEMP _____

NOTES _____

_____
_____
_____
_____
_____
_____
_____
_____
_____
_____
_____

SAKÉ NAME _____ **ABV** _____

BREWER _____ **PRICE** _____ **DATE** _____

SAKÉ GRADE _____ **MY RATING** ☆☆☆☆☆

FLAVOR WHEEL

ALCOHOL

HEAT   UMAMI

BALANCE   FLORAL

BODY   BITTER

SOUR   SPICY

NUTTY

SWEET   EARTHY

FRUITY   HERBY

CITRUS   MELON

STYLE

KOSHU	☐	KIMOTO	☐
NAMA	☐	NIGORI	☐
GENSHU	☐	OTHER	☐

SAKÉ STATS

RPR _____
ACIDITY _____
YEAST _____
TEMP _____

NOTES _____
_____
_____
_____
_____
_____
_____
_____
_____
_____
_____

SAKÉ NAME _____ ABV _____

BREWER _____ PRICE _____ DATE _____

SAKÉ GRADE _____ MY RATING ☆☆☆☆☆

FLAVOR WHEEL

ALCOHOL
HEAT
UMAMI
BALANCE
FLORAL
BODY
BITTER
SOUR
SPICY
SWEET
NUTTY
FRUITY
EARTHY
CITRUS
HERBY
MELON

STYLE

KOSHU ☐   KIMOTO ☐
NAMA ☐   NIGORI ☐
GENSHU ☐   OTHER ☐

SAKÉ STATS

RPR _____
ACIDITY _____
YEAST _____
TEMP _____

NOTES _____
_____
_____
_____
_____
_____
_____
_____
_____
_____
_____
_____

SAKÉ NAME _____ ABV _____

BREWER _____ PRICE _____ DATE _____

SAKÉ GRADE _____ MY RATING ☆☆☆☆1

FLAVOR WHEEL

ALCOHOL
HEAT   UMAMI
BALANCE   FLORAL
BODY   BITTER
SOUR   SPICY
SWEET   NUTTY
FRUITY   EARTHY
CITRUS   HERBY
MELON

STYLE

KOSHU	☐	KIMOTO	☐
NAMA	☐	NIGORI	☐
GENSHU	☐	OTHER	☐

SAKÉ STATS

RPR _____

ACIDITY _____

YEAST _____

TEMP _____

NOTES _____

_____

_____

_____

_____

_____

_____

_____

_____

_____

_____

_____

_____

SAKÉ NAME _____ ABV _____

BREWER _____ PRICE _____ DATE _____

SAKÉ GRADE _____ MY RATING ☆ ☆ ☆ ☆ ☆

FLAVOR WHEEL

ALCOHOL
HEAT   UMAMI
BALANCE   FLORAL
BODY   BITTER
SOUR   SPICY
SWEET   NUTTY
FRUITY   EARTHY
CITRUS   HERBY
MELON

STYLE

KOSHU ☐   KIMOTO ☐
NAMA ☐   NIGORI ☐
GENSHU ☐   OTHER ☐

SAKÉ STATS

RPR _____
ACIDITY _____
YEAST _____
TEMP _____

NOTES _____
_____
_____
_____
_____
_____
_____
_____
_____
_____
_____

SAKÉ NAME _____ **ABV** _____

BREWER _____ **PRICE** _____ **DATE** _____

SAKÉ GRADE _____ **MY RATING** ☆☆☆☆★

FLAVOR WHEEL

ALCOHOL
HEAT   UMAMI
BALANCE   FLORAL
BODY   BITTER
SOUR   SPICY
SWEET   NUTTY
FRUITY   EARTHY
CITRUS   HERBY
MELON

STYLE

KOSHU ☐ KIMOTO ☐
NAMA ☐ NIGORI ☐
GENSHU ☐ OTHER ☐

SAKÉ STATS

RPR _____
ACIDITY _____
YEAST _____
TEMP _____

NOTES _____
_____
_____
_____
_____
_____
_____
_____
_____
_____
_____
_____
_____

SAKÉ NAME _____ ABV _____

BREWER _____ PRICE _____ DATE _____

SAKÉ GRADE _____ MY RATING ☆☆☆☆☆

FLAVOR WHEEL

ALCOHOL
HEAT
UMAMI
BALANCE
FLORAL
BODY
BITTER
SOUR
SPICY
SWEET
NUTTY
FRUITY
EARTHY
CITRUS
HERBY
MELON

STYLE

KOSHU ☐   KIMOTO ☐
NAMA ☐   NIGORI ☐
GENSHU ☐ OTHER ☐

SAKÉ STATS

RPR _____
ACIDITY _____
YEAST _____
TEMP _____

NOTES _____
_____
_____
_____
_____
_____
_____
_____
_____
_____
_____

SAKÉ NAME _____ **ABV** _____

BREWER _____ **PRICE** _____ **DATE** _____

SAKÉ GRADE _____ **MY RATING** ☆☆☆☆☆

FLAVOR WHEEL

ALCOHOL
HEAT
UMAMI
BALANCE
FLORAL
BODY
BITTER
SOUR
SPICY
SWEET
NUTTY
FRUITY
EARTHY
CITRUS
HERBY
MELON

STYLE

KOSHU ☐   KIMOTO ☐
NAMA ☐   NIGORI ☐
GENSHU ☐   OTHER ☐

SAKÉ STATS

RPR _____
ACIDITY _____
YEAST _____
TEMP _____

NOTES _____
_____
_____
_____
_____
_____
_____
_____
_____
_____
_____
_____
_____

SAKÉ NAME _____ **ABV** _____

BREWER _____ **PRICE** _____ **DATE** _____

SAKÉ GRADE _____ MY RATING ☆☆☆☆☆

FLAVOR WHEEL

ALCOHOL
HEAT UMAMI
BALANCE FLORAL
BODY BITTER
SOUR SPICY
SWEET NUTTY
FRUITY EARTHY
CITRUS HERBY
MELON

STYLE

KOSHU ☐ KIMOTO ☐
NAMA ☐ NIGORI ☐
GENSHU ☐ OTHER ☐

SAKÉ STATS

RPR _____
ACIDITY _____
YEAST _____
TEMP _____

NOTES _____
_____
_____
_____
_____
_____
_____
_____
_____
_____
_____
_____
_____

SAKÉ NAME _____ ABV _____

BREWER _____ PRICE _____ DATE _____

SAKÉ GRADE _____ MY RATING ☆☆☆☆☆

FLAVOR WHEEL

ALCOHOL

HEAT   UMAMI

BALANCE   FLORAL

BODY   BITTER

SOUR   SPICY

SWEET   NUTTY

FRUITY   EARTHY

CITRUS   HERBY

MELON

STYLE

KOSHU ☐   KIMOTO ☐
NAMA ☐   NIGORI ☐
GENSHU ☐   OTHER ☐

SAKÉ STATS

RPR _____
ACIDITY _____
YEAST _____
TEMP _____

NOTES _____
_____
_____
_____
_____
_____
_____
_____
_____
_____
_____
_____
_____

SAKÉ NAME _____ **ABV** _____

BREWER _____ **PRICE** _____ **DATE** _____

SAKÉ GRADE _____ **MY RATING** ☆☆☆☆☆

FLAVOR WHEEL

ALCOHOL
HEAT
UMAMI
BALANCE
FLORAL
BODY
BITTER
SOUR
SPICY
SWEET
NUTTY
FRUITY
EARTHY
CITRUS
HERBY
MELON

STYLE

KOSHU ☐   KIMOTO ☐
NAMA ☐   NIGORI ☐
GENSHU ☐   OTHER ☐

SAKÉ STATS

RPR _____
ACIDITY _____
YEAST _____
TEMP _____

NOTES _____
_____
_____
_____
_____
_____
_____
_____
_____
_____
_____

SAKÉ NAME _____ ABV _____

BREWER _____ PRICE _____ DATE _____

SAKÉ GRADE _____ MY RATING ☆☆☆☆☆

FLAVOR WHEEL

ALCOHOL
HEAT
UMAMI
BALANCE
FLORAL
BODY
BITTER
SOUR
SPICY
SWEET
NUTTY
FRUITY
EARTHY
CITRUS
HERBY
MELON

STYLE

KOSHU ☐ KIMOTO ☐
NAMA ☐ NIGORI ☐
GENSHU ☐ OTHER ☐

SAKÉ STATS

RPR _____
ACIDITY _____
YEAST _____
TEMP _____

NOTES _____
_____
_____
_____
_____
_____
_____
_____
_____
_____
_____
_____

SAKÉ NAME _____ **ABV** _____

BREWER _____ **PRICE** _____ **DATE** _____

SAKÉ GRADE _____ **MY RATING** ☆☆☆☆☆

FLAVOR WHEEL

ALCOHOL
HEAT
UMAMI
BALANCE
FLORAL
BODY
BITTER
SOUR
SPICY
SWEET
NUTTY
FRUITY
EARTHY
CITRUS
HERBY
MELON

STYLE

KOSHU ☐   KIMOTO ☐
NAMA ☐   NIGORI ☐
GENSHU ☐   OTHER ☐

SAKÉ STATS

RPR _____
ACIDITY _____
YEAST _____
TEMP _____

NOTES _____
_____
_____
_____
_____
_____
_____
_____
_____

SAKÉ NAME _____ ABV _____

BREWER _____ PRICE _____ DATE _____

SAKÉ GRADE _____ MY RATING ☆☆☆☆☆

FLAVOR WHEEL

ALCOHOL
HEAT   UMAMI
BALANCE   FLORAL
BODY   BITTER
SOUR   SPICY
SWEET   NUTTY
FRUITY   EARTHY
CITRUS   HERBY
MELON

STYLE

KOSHU	☐	KIMOTO	☐
NAMA	☐	NIGORI	☐
GENSHU	☐	OTHER	☐

SAKÉ STATS

RPR _____
ACIDITY _____
YEAST _____
TEMP _____

NOTES _____
_____
_____
_____
_____
_____
_____
_____
_____
_____
_____
_____

SAKÉ NAME _____ **ABV** _____

BREWER _____ **PRICE** _____ **DATE** _____

SAKÉ GRADE _____ **MY RATING** ☆☆☆☆☆

FLAVOR WHEEL

ALCOHOL

HEAT   UMAMI

BALANCE   FLORAL

BODY   BITTER

SOUR   SPICY

SWEET   NUTTY

FRUITY   EARTHY

CITRUS   HERBY

MELON

STYLE

KOSHU ☐   KIMOTO ☐

NAMA ☐   NIGORI ☐

GENSHU ☐   OTHER ☐

SAKÉ STATS

RPR _____

ACIDITY _____

YEAST _____

TEMP _____

NOTES _____

_____

_____

_____

_____

_____

_____

_____

_____

_____

SAKÉ NAME _____ ABV _____

BREWER _____ PRICE _____ DATE _____

SAKÉ GRADE _____ MY RATING ☆☆☆☆☆

FLAVOR WHEEL

ALCOHOL
HEAT
UMAMI
BALANCE
FLORAL
BODY
BITTER
SOUR
SPICY
SWEET
NUTTY
FRUITY
EARTHY
CITRUS
HERBY
MELON

STYLE

KOSHU ☐   KIMOTO ☐
NAMA ☐   NIGORI ☐
GENSHU ☐   OTHER ☐

SAKÉ STATS

RPR _____
ACIDITY _____
YEAST _____
TEMP _____

NOTES _____
_____
_____
_____
_____
_____
_____
_____
_____
_____
_____
_____
_____

SAKÉ NAME _____ ABV _____

BREWER _____ PRICE _____ DATE _____

SAKÉ GRADE _____ MY RATING ☆☆☆☆☆

FLAVOR WHEEL

ALCOHOL
HEAT
UMAMI
BALANCE
FLORAL
BODY
BITTER
SOUR
SPICY
SWEET
NUTTY
FRUITY
EARTHY
CITRUS
HERBY
MELON

STYLE

KOSHU ☐   KIMOTO ☐
NAMA ☐   NIGORI ☐
GENSHU ☐   OTHER ☐

SAKÉ STATS

RPR _____
ACIDITY _____
YEAST _____
TEMP _____

NOTES _____
_____
_____
_____
_____
_____
_____
_____
_____
_____
_____
_____

SAKÉ NAME _____ ABV _____

BREWER _____ **PRICE** _____ **DATE** _____

SAKÉ GRADE _____ **MY RATING** ☆☆☆☆☆

FLAVOR WHEEL

ALCOHOL
HEAT
UMAMI
BALANCE
FLORAL
BODY
BITTER
SOUR
SPICY
SWEET
NUTTY
FRUITY
EARTHY
CITRUS
HERBY
MELON

STYLE

KOSHU	☐	KIMOTO	☐
NAMA	☐	NIGORI	☐
GENSHU	☐	OTHER	☐

SAKÉ STATS

RPR _____
ACIDITY _____
YEAST _____
TEMP _____

NOTES _____
_____
_____
_____
_____
_____
_____
_____
_____
_____
_____

SAKÉ NAME _____ ABV _____

BREWER _____ PRICE _____ DATE _____

SAKÉ GRADE _____ MY RATING ☆☆☆☆☆

FLAVOR WHEEL

ALCOHOL
HEAT
UMAMI
BALANCE
FLORAL
BODY
BITTER
SOUR
SPICY
SWEET
NUTTY
FRUITY
EARTHY
CITRUS
HERBY
MELON

STYLE

KOSHU ☐ KIMOTO ☐
NAMA ☐ NIGORI ☐
GENSHU ☐ OTHER ☐

SAKÉ STATS

RPR _____
ACIDITY _____
YEAST _____
TEMP _____

NOTES _____
_____
_____
_____
_____
_____
_____
_____
_____
_____
_____

SAKÉ NAME _____ ABV _____

BREWER _____ PRICE _____ DATE _____

SAKÉ GRADE _____ MY RATING ☆☆☆☆☆

FLAVOR WHEEL

ALCOHOL
HEAT
UMAMI
BALANCE
FLORAL
BODY
BITTER
SOUR
SPICY
SWEET
NUTTY
FRUITY
EARTHY
CITRUS
HERBY
MELON

STYLE

KOSHU ☐   KIMOTO ☐
NAMA ☐   NIGORI ☐
GENSHU ☐   OTHER ☐

SAKÉ STATS

RPR _____
ACIDITY _____
YEAST _____
TEMP _____

NOTES _____
_____
_____
_____
_____
_____
_____
_____
_____
_____
_____
_____

SAKÉ NAME _____ ABV _____

BREWER _____ PRICE _____ DATE _____

SAKÉ GRADE _____ MY RATING ☆☆☆☆☆

FLAVOR WHEEL

ALCOHOL

HEAT   UMAMI

BALANCE   FLORAL

BODY   BITTER

SOUR   SPICY

SWEET   NUTTY

FRUITY   EARTHY

CITRUS   HERBY

MELON

STYLE

KOSHU	☐	KIMOTO	☐
NAMA	☐	NIGORI	☐
GENSHU	☐	OTHER	☐

SAKÉ STATS

RPR _____
ACIDITY _____
YEAST _____
TEMP _____

NOTES _____
_____
_____
_____
_____
_____
_____
_____
_____
_____
_____

SAKÉ NAME _____ ABV _____

BREWER _____ PRICE _____ DATE _____

SAKÉ GRADE _____ MY RATING ☆☆☆☆☆

FLAVOR WHEEL

ALCOHOL
HEAT   UMAMI
BALANCE   FLORAL
BODY   BITTER
SOUR   SPICY
SWEET   NUTTY
FRUITY   EARTHY
CITRUS   HERBY
MELON

STYLE

KOSHU	☐	KIMOTO	☐
NAMA	☐	NIGORI	☐
GENSHU	☐	OTHER	☐

SAKÉ STATS

RPR _____
ACIDITY _____
YEAST _____
TEMP _____

NOTES _____
_____
_____
_____
_____
_____
_____
_____
_____
_____
_____
_____
_____

SAKÉ NAME _____ ABV _____

BREWER _____ **PRICE** _____ **DATE** _____

SAKÉ GRADE _____ **MY RATING** ☆☆☆☆☆

FLAVOR WHEEL

ALCOHOL
HEAT   UMAMI
BALANCE   FLORAL
BODY   BITTER
SOUR   SPICY
SWEET   NUTTY
FRUITY   EARTHY
CITRUS   HERBY
MELON

STYLE

KOSHU	☐	KIMOTO	☐
NAMA	☐	NIGORI	☐
GENSHU	☐	OTHER	☐

SAKÉ STATS

RPR _____
ACIDITY _____
YEAST _____
TEMP _____

NOTES _____
_____
_____
_____
_____
_____
_____
_____
_____

SAKÉ NAME _____ ABV _____

BREWER _____ PRICE _____ DATE _____

SAKÉ GRADE _____ MY RATING ☆☆☆☆

FLAVOR WHEEL

ALCOHOL
HEAT
UMAMI
BALANCE
FLORAL
BODY
BITTER
SOUR
SPICY
SWEET
NUTTY
FRUITY
EARTHY
CITRUS
HERBY
MELON

STYLE

KOSHU	☐	KIMOTO	☐
NAMA	☐	NIGORI	☐
GENSHU	☐	OTHER	☐

SAKÉ STATS

RPR _____
ACIDITY _____
YEAST _____
TEMP _____

NOTES _____
_____
_____
_____
_____
_____
_____
_____
_____
_____
_____
_____
_____

SAKÉ NAME _____ **ABV** _____

BREWER _____ **PRICE** _____ **DATE** _____

SAKÉ GRADE _____ **MY RATING** ☆ ☆ ☆ ☆ ☆

FLAVOR WHEEL

ALCOHOL
HEAT
UMAMI
BALANCE
FLORAL
BODY
BITTER
SOUR
SPICY
SWEET
NUTTY
FRUITY
EARTHY
CITRUS
HERBY
MELON

STYLE

KOSHU ☐ KIMOTO ☐
NAMA ☐ NIGORI ☐
GENSHU ☐ OTHER ☐

NOTES _____

SAKÉ STATS

RPR _____
ACIDITY _____
YEAST _____
TEMP _____

SAKÉ NAME _____ ABV _____

BREWER _____ PRICE _____ DATE _____

SAKÉ GRADE _____ MY RATING ☆☆☆☆

FLAVOR WHEEL

ALCOHOL
HEAT   UMAMI
BALANCE   FLORAL
BODY   BITTER
SOUR   SPICY
                    NUTTY
SWEET   EARTHY
FRUITY
CITRUS   HERBY
MELON

STYLE

KOSHU	☐	KIMOTO	☐
NAMA	☐	NIGORI	☐
GENSHU	☐	OTHER	☐

SAKÉ STATS

RPR _____
ACIDITY _____
YEAST _____
TEMP _____

NOTES _____

_____

_____

_____

_____

_____

_____

_____

_____

_____

_____

_____

SAKÉ NAME _____ ABV _____

BREWER _____ PRICE _____ DATE _____

SAKÉ GRADE _____ MY RATING ☆☆☆☆☆

FLAVOR WHEEL

ALCOHOL
HEAT
UMAMI
BALANCE
FLORAL
BODY
BITTER
SOUR
SPICY
SWEET
NUTTY
FRUITY
EARTHY
CITRUS
HERBY
MELON

STYLE

KOSHU ☐ KIMOTO ☐
NAMA ☐ NIGORI ☐
GENSHU ☐ OTHER ☐

SAKÉ STATS

RPR _____
ACIDITY _____
YEAST _____
TEMP _____

NOTES _____
_____
_____
_____
_____
_____
_____
_____
_____
_____
_____
_____
_____

SAKÉ NAME _____ ABV _____

BREWER _____ PRICE _____ DATE _____

SAKÉ GRADE _____ MY RATING ☆☆☆☆☆

FLAVOR WHEEL

ALCOHOL
HEAT
UMAMI
BALANCE
FLORAL
BODY
BITTER
SOUR
SPICY
SWEET
NUTTY
FRUITY
EARTHY
CITRUS
HERBY
MELON

STYLE

KOSHU	☐	KIMOTO	☐
NAMA	☐	NIGORI	☐
GENSHU	☐	OTHER	☐

SAKÉ STATS

RPR _____
ACIDITY _____
YEAST _____
TEMP _____

NOTES _____

_____
_____
_____
_____
_____
_____
_____
_____
_____
_____
_____

SAKÉ NAME _____ **ABV** _____

BREWER _____ **PRICE** _____ **DATE** _____

SAKÉ GRADE _____ **MY RATING** ☆☆☆☆☆

FLAVOR WHEEL

ALCOHOL

HEAT   UMAMI

BALANCE   FLORAL

BODY   BITTER

SOUR   SPICY

SWEET   NUTTY

FRUITY   EARTHY

CITRUS   HERBY

MELON

STYLE

KOSHU ☐   KIMOTO ☐
NAMA ☐   NIGORI ☐
GENSHU ☐   OTHER ☐

SAKÉ STATS

RPR _____
ACIDITY _____
YEAST _____
TEMP _____

NOTES _____

_____
_____
_____
_____
_____
_____
_____
_____
_____
_____

SAKÉ NAME _____ ABV _____

BREWER _____ PRICE _____ DATE _____

SAKÉ GRADE _____ MY RATING ☆☆☆☆

FLAVOR WHEEL

ALCOHOL
HEAT   UMAMI
BALANCE   FLORAL
BODY   BITTER
SOUR   SPICY
SWEET   NUTTY
FRUITY   EARTHY
CITRUS   HERBY
MELON

STYLE

KOSHU	☐	KIMOTO	☐
NAMA	☐	NIGORI	☐
GENSHU	☐	OTHER	☐

SAKÉ STATS

RPR _____

ACIDITY _____

YEAST _____

TEMP _____

NOTES _____

_____

_____

_____

_____

_____

_____

_____

_____

_____

_____

_____

_____

SAKÉ NAME _____ **ABV** _____

BREWER _____ **PRICE** _____ **DATE** _____

SAKÉ GRADE _____ **MY RATING** ☆☆☆☆☆

FLAVOR WHEEL

ALCOHOL

HEAT   UMAMI

BALANCE   FLORAL

BODY   BITTER

SOUR   SPICY

SWEET   NUTTY

FRUITY   EARTHY

CITRUS   HERBY

MELON

STYLE

KOSHU ☐   KIMOTO ☐
NAMA ☐   NIGORI ☐
GENSHU ☐   OTHER ☐

SAKÉ STATS

RPR _____
ACIDITY _____
YEAST _____
TEMP _____

NOTES _____
_____
_____
_____
_____
_____
_____
_____
_____
_____
_____

SAKÉ NAME _____ ABV _____

BREWER _____ PRICE _____ DATE _____

SAKÉ GRADE _____ MY RATING ☆☆☆☆

FLAVOR WHEEL

Flavor wheel radar chart with axes labeled: ALCOHOL, UMAMI, FLORAL, BITTER, SPICY, NUTTY, EARTHY, HERBY, MELON, CITRUS, FRUITY, SWEET, SOUR, BODY, BALANCE, HEAT

STYLE

KOSHU	☐	KIMOTO	☐
NAMA	☐	NIGORI	☐
GENSHU	☐	OTHER	☐

SAKÉ STATS

RPR _____
ACIDITY _____
YEAST _____
TEMP _____

NOTES _____
_____
_____
_____
_____
_____
_____
_____
_____
_____
_____
_____
_____

SAKÉ NAME _____ ABV _____

BREWER _____ PRICE _____ DATE _____

SAKÉ GRADE _____ MY RATING ☆☆☆☆☆

FLAVOR WHEEL

ALCOHOL
HEAT   UMAMI
BALANCE   FLORAL
BODY   BITTER
SOUR   SPICY
SWEET   NUTTY
FRUITY   EARTHY
CITRUS   HERBY
MELON

STYLE

KOSHU ☐   KIMOTO ☐
NAMA ☐   NIGORI ☐
GENSHU ☐   OTHER ☐

SAKÉ STATS

RPR _____
ACIDITY _____
YEAST _____
TEMP _____

NOTES _____
_____
_____
_____
_____
_____
_____
_____
_____
_____
_____

SAKÉ NAME _____ ABV _____

BREWER _____ PRICE _____ DATE _____

SAKÉ GRADE _____ MY RATING ☆☆☆☆

FLAVOR WHEEL

ALCOHOL
HEAT   UMAMI
BALANCE   FLORAL
BODY   BITTER
SOUR   SPICY
SWEET   NUTTY
FRUITY   EARTHY
CITRUS   HERBY
MELON

STYLE

KOSHU	☐	KIMOTO	☐
NAMA	☐	NIGORI	☐
GENSHU	☐	OTHER	☐

SAKÉ STATS

RPR _____
ACIDITY _____
YEAST _____
TEMP _____

NOTES _____
_____
_____
_____
_____
_____
_____
_____
_____
_____
_____
_____
_____

SAKÉ NAME _____ ABV _____

BREWER _____ PRICE _____ DATE _____

SAKÉ GRADE _____ MY RATING ☆☆☆☆☆

FLAVOR WHEEL

ALCOHOL
HEAT   UMAMI
BALANCE   FLORAL
BODY   BITTER
SOUR   SPICY
SWEET   NUTTY
FRUITY   EARTHY
CITRUS   HERBY
MELON

STYLE

KOSHU ☐   KIMOTO ☐
NAMA ☐   NIGORI ☐
GENSHU ☐   OTHER ☐

SAKÉ STATS

RPR _____
ACIDITY _____
YEAST _____
TEMP _____

NOTES _____
_____
_____
_____
_____
_____
_____
_____
_____
_____
_____

SAKÉ NAME _____ ABV _____

BREWER _____ PRICE _____ DATE _____

SAKÉ GRADE _____ MY RATING ☆☆☆☆

FLAVOR WHEEL

ALCOHOL
HEAT   UMAMI
BALANCE   FLORAL
BODY   BITTER
SOUR   SPICY
SWEET   NUTTY
FRUITY   EARTHY
CITRUS   HERBY
MELON

STYLE

KOSHU ☐   KIMOTO ☐
NAMA ☐   NIGORI ☐
GENSHU ☐   OTHER ☐

SAKÉ STATS

RPR _____
ACIDITY _____
YEAST _____
TEMP _____

NOTES _____
_____
_____
_____
_____
_____
_____
_____
_____
_____
_____
_____

SAKÉ NAME _____ **ABV** _____

BREWER _____ **PRICE** _____ **DATE** _____

SAKÉ GRADE _____ **MY RATING** ☆☆☆☆☆

FLAVOR WHEEL

ALCOHOL
HEAT
UMAMI
BALANCE
FLORAL
BODY
BITTER
SOUR
SPICY
SWEET
NUTTY
FRUITY
EARTHY
CITRUS
HERBY
MELON

STYLE

KOSHU ☐   KIMOTO ☐
NAMA ☐   NIGORI ☐
GENSHU ☐ OTHER ☐

SAKÉ STATS

RPR _____
ACIDITY _____
YEAST _____
TEMP _____

NOTES _____
_____
_____
_____
_____
_____
_____
_____
_____
_____
_____
_____

SAKÉ NAME _____ ABV _____

BREWER _____ PRICE _____ DATE _____

SAKÉ GRADE _____ MY RATING ☆☆☆☆

FLAVOR WHEEL

ALCOHOL
HEAT
UMAMI
BALANCE
FLORAL
BODY
BITTER
SOUR
SPICY
SWEET
NUTTY
FRUITY
EARTHY
CITRUS
HERBY
MELON

STYLE

KOSHU ☐   KIMOTO ☐
NAMA ☐   NIGORI ☐
GENSHU ☐   OTHER ☐

SAKÉ STATS

RPR _____
ACIDITY _____
YEAST _____
TEMP _____

NOTES _____
_____
_____
_____
_____
_____
_____
_____
_____
_____
_____
_____
_____
_____

SAKÉ NAME _____ ABV _____

BREWER _____ PRICE _____ DATE _____

SAKÉ GRADE _____ MY RATING ☆☆☆☆☆

FLAVOR WHEEL

ALCOHOL
HEAT
UMAMI
BALANCE
FLORAL
BODY
BITTER
SOUR
SPICY
SWEET
NUTTY
FRUITY
EARTHY
CITRUS
HERBY
MELON

STYLE

KOSHU ☐   KIMOTO ☐
NAMA ☐   NIGORI ☐
GENSHU ☐   OTHER ☐

SAKÉ STATS

RPR _____
ACIDITY _____
YEAST _____
TEMP _____

NOTES _____
_____
_____
_____
_____
_____
_____
_____
_____
_____
_____

SAKÉ NAME _____ ABV _____

BREWER _____ PRICE _____ DATE _____

SAKÉ GRADE _____ MY RATING ☆☆☆☆

FLAVOR WHEEL

ALCOHOL
HEAT
UMAMI
BALANCE
FLORAL
BODY
BITTER
SOUR
SPICY
SWEET
NUTTY
FRUITY
EARTHY
CITRUS
HERBY
MELON

STYLE

KOSHU ☐   KIMOTO ☐
NAMA ☐   NIGORI ☐
GENSHU ☐   OTHER ☐

SAKÉ STATS

RPR _____
ACIDITY _____
YEAST _____
TEMP _____

NOTES _____

_____
_____
_____
_____
_____
_____
_____
_____
_____
_____
_____
_____

SAKÉ NAME _____ **ABV** _____

BREWER _____ **PRICE** _____ **DATE** _____

SAKÉ GRADE _____ **MY RATING** ☆☆☆☆☆

FLAVOR WHEEL

ALCOHOL

HEAT   UMAMI

BALANCE   FLORAL

BODY   BITTER

SOUR   SPICY

NUTTY

SWEET

FRUITY   EARTHY

CITRUS   HERBY

MELON

STYLE

KOSHU	☐	KIMOTO	☐
NAMA	☐	NIGORI	☐
GENSHU	☐	OTHER	☐

SAKÉ STATS

RPR _____

ACIDITY _____

YEAST _____

TEMP _____

NOTES _____

_____

_____

_____

_____

_____

_____

_____

_____

_____

_____

_____

SAKÉ NAME _____ **ABV** _____

BREWER _____ **PRICE** _____ **DATE** _____

SAKÉ GRADE _____ **MY RATING** ☆☆☆☆

FLAVOR WHEEL

ALCOHOL

HEAT   UMAMI

BALANCE   FLORAL

BODY   BITTER

SOUR   SPICY

           NUTTY

SWEET   EARTHY

FRUITY   HERBY

CITRUS

MELON

STYLE

KOSHU	☐	KIMOTO	☐
NAMA	☐	NIGORI	☐
GENSHU	☐	OTHER	☐

SAKÉ STATS

RPR _____

ACIDITY _____

YEAST _____

TEMP _____

NOTES _____

_____

_____

_____

_____

_____

_____

_____

_____

_____

_____

_____

_____

SAKÉ NAME _____ ABV _____

BREWER _____ PRICE _____ DATE _____

SAKÉ GRADE _____ MY RATING ☆☆☆☆☆

FLAVOR WHEEL

ALCOHOL
HEAT UMAMI
BALANCE FLORAL
BODY BITTER
SOUR SPICY
SWEET NUTTY
FRUITY EARTHY
CITRUS HERBY
MELON

STYLE

KOSHU ☐   KIMOTO ☐
NAMA ☐   NIGORI ☐
GENSHU ☐   OTHER ☐

SAKÉ STATS

RPR _____
ACIDITY _____
YEAST _____
TEMP _____

NOTES _____
_____
_____
_____
_____
_____
_____
_____
_____
_____
_____

SAKÉ NAME _____ ABV _____

BREWER _____ PRICE _____ DATE _____

SAKÉ GRADE _____ MY RATING ☆☆☆☆

FLAVOR WHEEL

ALCOHOL
HEAT
UMAMI
BALANCE
FLORAL
BODY
BITTER
SOUR
SPICY
SWEET
NUTTY
FRUITY
EARTHY
CITRUS
HERBY
MELON

STYLE

KOSHU ☐   KIMOTO ☐
NAMA ☐   NIGORI ☐
GENSHU ☐   OTHER ☐

SAKÉ STATS

RPR _____
ACIDITY _____
YEAST _____
TEMP _____

NOTES _____
_____
_____
_____
_____
_____
_____
_____
_____
_____
_____
_____
_____
_____

SAKÉ NAME _____ ABV _____

BREWER _____ PRICE _____ DATE _____

SAKÉ GRADE _____ MY RATING ☆☆☆☆☆

FLAVOR WHEEL

ALCOHOL
HEAT   UMAMI
BALANCE   FLORAL
BODY   BITTER
SOUR   SPICY
SWEET   NUTTY
FRUITY   EARTHY
CITRUS   HERBY
MELON

STYLE

KOSHU ☐   KIMOTO ☐
NAMA ☐   NIGORI ☐
GENSHU ☐   OTHER ☐

SAKÉ STATS

RPR _____
ACIDITY _____
YEAST _____
TEMP _____

NOTES _____
_____
_____
_____
_____
_____
_____
_____
_____
_____

SAKÉ NAME _____ ABV _____

BREWER _____ PRICE _____ DATE _____

SAKÉ GRADE _____ MY RATING ☆☆☆☆

FLAVOR WHEEL

ALCOHOL
HEAT   UMAMI
BALANCE   FLORAL
BODY   BITTER
SOUR   SPICY
SWEET   NUTTY
FRUITY   EARTHY
CITRUS   HERBY
MELON

STYLE

KOSHU	☐	KIMOTO	☐
NAMA	☐	NIGORI	☐
GENSHU	☐	OTHER	☐

SAKÉ STATS

RPR _____
ACIDITY _____
YEAST _____
TEMP _____

NOTES _____
_____
_____
_____
_____
_____
_____
_____
_____
_____

SAKÉ NAME _____ **ABV** _____

BREWER _____ **PRICE** _____ **DATE** _____

SAKÉ GRADE _____ **MY RATING** ☆ ☆ ☆ ☆ ☆

FLAVOR WHEEL

ALCOHOL
HEAT
UMAMI
BALANCE
FLORAL
BODY
BITTER
SOUR
SPICY
SWEET
NUTTY
FRUITY
EARTHY
CITRUS
HERBY
MELON

STYLE

KOSHU ☐   KIMOTO ☐
NAMA ☐   NIGORI ☐
GENSHU ☐   OTHER ☐

NOTES _____

SAKÉ STATS

RPR _____
ACIDITY _____
YEAST _____
TEMP _____

SAKÉ NAME _____ ABV _____

BREWER _____ PRICE _____ DATE _____

SAKÉ GRADE _____ MY RATING ☆☆☆☆

FLAVOR WHEEL

ALCOHOL

HEAT   UMAMI

BALANCE   FLORAL

BODY   BITTER

SOUR   SPICY

SWEET   NUTTY

FRUITY   EARTHY

CITRUS   HERBY

MELON

STYLE

KOSHU ☐   KIMOTO ☐
NAMA ☐   NIGORI ☐
GENSHU ☐   OTHER ☐

NOTES _____

SAKÉ STATS

RPR _____
ACIDITY _____
YEAST _____
TEMP _____

SAKÉ NAME _____ ABV _____

BREWER _____ PRICE _____ DATE _____

SAKÉ GRADE _____ MY RATING ☆☆☆☆☆

FLAVOR WHEEL

ALCOHOL
HEAT   UMAMI
BALANCE   FLORAL
BODY   BITTER
SOUR   SPICY
SWEET   NUTTY
FRUITY   EARTHY
CITRUS   HERBY
MELON

STYLE

KOSHU ☐   KIMOTO ☐
NAMA ☐   NIGORI ☐
GENSHU ☐   OTHER ☐

SAKÉ STATS

RPR _____
ACIDITY _____
YEAST _____
TEMP _____

NOTES _____
_____
_____
_____
_____
_____
_____
_____
_____
_____
_____
_____

SAKÉ NAME _____ **ABV** _____

BREWER _____ **PRICE** _____ **DATE** _____

SAKÉ GRADE _____ **MY RATING** ☆☆☆☆

FLAVOR WHEEL

ALCOHOL

HEAT   UMAMI

BALANCE   FLORAL

BODY   BITTER

SOUR   SPICY

      NUTTY

SWEET

      EARTHY

FRUITY

CITRUS   HERBY

MELON

STYLE

KOSHU ☐   KIMOTO ☐
NAMA ☐   NIGORI ☐
GENSHU ☐   OTHER ☐

SAKÉ STATS

RPR _____
ACIDITY _____
YEAST _____
TEMP _____

NOTES _____
_____
_____
_____
_____
_____
_____
_____
_____
_____
_____

SAKÉ NAME _____ ABV _____

BREWER _____ PRICE _____ DATE _____

SAKÉ GRADE _____ MY RATING ☆☆☆☆☆

FLAVOR WHEEL

ALCOHOL
HEAT
UMAMI
BALANCE
FLORAL
BODY
BITTER
SOUR
SPICY
SWEET
NUTTY
FRUITY
EARTHY
CITRUS
HERBY
MELON

STYLE

KOSHU ☐ KIMOTO ☐
NAMA ☐ NIGORI ☐
GENSHU ☐ OTHER ☐

SAKÉ STATS

RPR _____
ACIDITY _____
YEAST _____
TEMP _____

NOTES _____
_____
_____
_____
_____
_____
_____
_____
_____
_____
_____
_____

SAKÉ NAME _____ ABV _____

BREWER _____ PRICE _____ DATE _____

SAKÉ GRADE _____ MY RATING ☆☆☆☆

FLAVOR WHEEL

ALCOHOL
HEAT   UMAMI
BALANCE   FLORAL
BODY   BITTER
SOUR   SPICY
SWEET   NUTTY
FRUITY   EARTHY
CITRUS   HERBY
MELON

STYLE

KOSHU ☐   KIMOTO ☐
NAMA ☐   NIGORI ☐
GENSHU ☐   OTHER ☐

SAKÉ STATS

RPR _____
ACIDITY _____
YEAST _____
TEMP _____

NOTES _____
_____
_____
_____
_____
_____
_____
_____
_____
_____
_____
_____

SAKÉ NAME _____ ABV _____

BREWER _____ PRICE _____ DATE _____

SAKÉ GRADE _____ MY RATING ☆☆☆☆☆

FLAVOR WHEEL

ALCOHOL
HEAT   UMAMI
BALANCE   FLORAL
BODY   BITTER

SOUR   SPICY

SWEET   NUTTY

FRUITY   EARTHY
CITRUS   HERBY
MELON

STYLE

KOSHU ☐   KIMOTO ☐
NAMA ☐   NIGORI ☐
GENSHU ☐   OTHER ☐

SAKÉ STATS

RPR _____
ACIDITY _____
YEAST _____
TEMP _____

NOTES _____

_____
_____
_____
_____
_____
_____
_____
_____
_____
_____

SAKÉ NAME _____ ABV _____

BREWER _____ PRICE _____ DATE _____

SAKÉ GRADE _____ MY RATING ☆☆☆☆

FLAVOR WHEEL

ALCOHOL
HEAT   UMAMI
BALANCE   FLORAL
BODY   BITTER
SOUR   SPICY
SWEET   NUTTY
FRUITY   EARTHY
CITRUS   HERBY
MELON

STYLE

KOSHU ☐   KIMOTO ☐
NAMA ☐   NIGORI ☐
GENSHU ☐   OTHER ☐

SAKÉ STATS

RPR _____
ACIDITY _____
YEAST _____
TEMP _____

NOTES _____
_____
_____
_____
_____
_____
_____
_____
_____
_____
_____
_____
_____

SAKÉ NAME _____ ABV _____

BREWER _____ PRICE _____ DATE _____

SAKÉ GRADE _____ MY RATING ☆☆☆☆☆

FLAVOR WHEEL

ALCOHOL
HEAT   UMAMI
BALANCE   FLORAL
BODY   BITTER
SOUR   SPICY
SWEET   NUTTY
FRUITY   EARTHY
CITRUS   HERBY
MELON

STYLE

KOSHU	☐	KIMOTO	☐
NAMA	☐	NIGORI	☐
GENSHU	☐	OTHER	☐

SAKÉ STATS

RPR _____
ACIDITY _____
YEAST _____
TEMP _____

NOTES _____
_____
_____
_____
_____
_____
_____
_____
_____
_____
_____

SAKÉ NAME _____ ABV _____

BREWER _____ PRICE _____ DATE _____

SAKÉ GRADE _____ MY RATING ☆☆☆☆

FLAVOR WHEEL

ALCOHOL
HEAT   UMAMI
BALANCE   FLORAL
BODY   BITTER
SOUR   SPICY
SWEET   NUTTY
FRUITY   EARTHY
CITRUS   HERBY
MELON

STYLE

KOSHU ☐   KIMOTO ☐
NAMA ☐   NIGORI ☐
GENSHU ☐   OTHER ☐

SAKÉ STATS

RPR _____
ACIDITY _____
YEAST _____
TEMP _____

NOTES _____
_____
_____
_____
_____
_____
_____
_____
_____
_____
_____
_____

SAKÉ NAME _____ **ABV** _____

BREWER _____ **PRICE** _____ **DATE** _____

SAKÉ GRADE _____ **MY RATING** ☆☆☆☆☆

FLAVOR WHEEL

ALCOHOL

HEAT   UMAMI

BALANCE   FLORAL

BODY   BITTER

SOUR   SPICY

SWEET   NUTTY

FRUITY   EARTHY

CITRUS   HERBY

MELON

STYLE

KOSHU ☐   KIMOTO ☐
NAMA ☐   NIGORI ☐
GENSHU ☐   OTHER ☐

SAKÉ STATS

RPR _____
ACIDITY _____
YEAST _____
TEMP _____

NOTES _____
_____
_____
_____
_____
_____
_____
_____
_____
_____

SAKÉ NAME _____ ABV _____

BREWER _____ PRICE _____ DATE _____

SAKÉ GRADE _____ MY RATING ☆☆☆☆

FLAVOR WHEEL

ALCOHOL

HEAT UMAMI

BALANCE FLORAL

BODY BITTER

SOUR SPICY

SWEET NUTTY

FRUITY EARTHY

CITRUS HERBY

MELON

STYLE

KOSHU ☐   KIMOTO ☐
NAMA ☐   NIGORI ☐
GENSHU ☐   OTHER ☐

SAKÉ STATS

RPR _____
ACIDITY _____
YEAST _____
TEMP _____

NOTES _____
_____
_____
_____
_____
_____
_____
_____
_____
_____
_____
_____

SAKÉ NAME _____ ABV _____

BREWER _____ PRICE _____ DATE _____

SAKÉ GRADE _____ MY RATING ☆☆☆☆☆

FLAVOR WHEEL

ALCOHOL
HEAT   UMAMI
BALANCE   FLORAL
BODY   BITTER
SOUR   SPICY
SWEET   NUTTY
FRUITY   EARTHY
CITRUS   HERBY
MELON

STYLE

KOSHU ☐   KIMOTO ☐
NAMA ☐   NIGORI ☐
GENSHU ☐   OTHER ☐

SAKÉ STATS

RPR _____
ACIDITY _____
YEAST _____
TEMP _____

NOTES _____
_____
_____
_____
_____
_____
_____
_____
_____
_____
_____

SAKÉ NAME _____ ABV _____

BREWER _____ PRICE _____ DATE _____

SAKÉ GRADE _____ MY RATING ☆☆☆☆

FLAVOR WHEEL

ALCOHOL

HEAT

UMAMI

BALANCE

FLORAL

BODY

BITTER

SOUR

SPICY

SWEET

NUTTY

FRUITY

EARTHY

CITRUS

HERBY

MELON

STYLE

KOSHU ☐   KIMOTO ☐
NAMA ☐   NIGORI ☐
GENSHU ☐   OTHER ☐

SAKÉ STATS

RPR _____
ACIDITY _____
YEAST _____
TEMP _____

NOTES _____
_____
_____
_____
_____
_____
_____
_____
_____
_____
_____
_____
_____

SAKÉ NAME _____ ABV _____

BREWER _____ PRICE _____ DATE _____

SAKÉ GRADE _____ MY RATING ☆☆☆☆☆

FLAVOR WHEEL

ALCOHOL
HEAT
UMAMI
BALANCE
FLORAL
BODY
BITTER
SOUR
SPICY
SWEET
NUTTY
FRUITY
EARTHY
CITRUS
HERBY
MELON

STYLE

KOSHU ☐   KIMOTO ☐
NAMA ☐   NIGORI ☐
GENSHU ☐   OTHER ☐

SAKÉ STATS

RPR _____
ACIDITY _____
YEAST _____
TEMP _____

NOTES _____
_____
_____
_____
_____
_____
_____
_____
_____
_____
_____

SAKÉ NAME _____ ABV _____

BREWER _____ PRICE _____ DATE _____

SAKÉ GRADE _____ MY RATING ☆☆☆☆

FLAVOR WHEEL

ALCOHOL
HEAT
UMAMI
BALANCE
FLORAL
BODY
BITTER
SOUR
SPICY
SWEET
NUTTY
FRUITY
EARTHY
CITRUS
HERBY
MELON

STYLE

KOSHU ☐   KIMOTO ☐
NAMA ☐   NIGORI ☐
GENSHU ☐   OTHER ☐

SAKÉ STATS

RPR _____
ACIDITY _____
YEAST _____
TEMP _____

NOTES _____
_____
_____
_____
_____
_____
_____
_____
_____
_____
_____

SAKÉ NAME _____ **ABV** _____

BREWER _____ **PRICE** _____ **DATE** _____

SAKÉ GRADE _____ **MY RATING** ☆☆☆☆☆

FLAVOR WHEEL

ALCOHOL
HEAT
UMAMI
BALANCE
FLORAL
BODY
BITTER
SOUR
SPICY
SWEET
NUTTY
FRUITY
EARTHY
CITRUS
HERBY
MELON

STYLE

KOSHU	☐	KIMOTO	☐
NAMA	☐	NIGORI	☐
GENSHU	☐	OTHER	☐

SAKÉ STATS

RPR _____
ACIDITY _____
YEAST _____
TEMP _____

NOTES _____
_____
_____
_____
_____
_____
_____
_____
_____
_____

SAKÉ NAME _____ ABV _____

BREWER _____ PRICE _____ DATE _____

SAKÉ GRADE _____ MY RATING ☆☆☆☆

FLAVOR WHEEL

ALCOHOL

HEAT   UMAMI

BALANCE   FLORAL

BODY   BITTER

SOUR   SPICY

NUTTY

SWEET   EARTHY

FRUITY   HERBY

CITRUS

MELON

STYLE

KOSHU ☐   KIMOTO ☐
NAMA ☐   NIGORI ☐
GENSHU ☐   OTHER ☐

SAKÉ STATS

RPR _____
ACIDITY _____
YEAST _____
TEMP _____

NOTES _____
_____
_____
_____
_____
_____
_____
_____
_____

SAKÉ NAME _____ **ABV** _____

BREWER _____ **PRICE** _____ **DATE** _____

SAKÉ GRADE _____ **MY RATING** ☆☆☆☆☆

FLAVOR WHEEL

ALCOHOL
HEAT
UMAMI
BALANCE
FLORAL
BODY
BITTER
SOUR
SPICY
SWEET
NUTTY
FRUITY
EARTHY
CITRUS
HERBY
MELON

STYLE

KOSHU ☐   KIMOTO ☐
NAMA ☐   NIGORI ☐
GENSHU ☐   OTHER ☐

SAKÉ STATS

RPR _____
ACIDITY _____
YEAST _____
TEMP _____

NOTES _____
_____
_____
_____
_____
_____
_____
_____
_____
_____
_____

SAKÉ NAME _____ ABV _____

BREWER _____ PRICE _____ DATE _____

SAKÉ GRADE _____ MY RATING ☆☆☆☆

FLAVOR WHEEL

ALCOHOL
HEAT
UMAMI
BALANCE
FLORAL
BODY
BITTER
SOUR
SPICY
SWEET
NUTTY
FRUITY
EARTHY
CITRUS
HERBY
MELON

STYLE

KOSHU ☐	KIMOTO ☐
NAMA ☐	NIGORI ☐
GENSHU ☐	OTHER ☐

SAKÉ STATS

RPR _____
ACIDITY _____
YEAST _____
TEMP _____

NOTES _____
_____
_____
_____
_____
_____
_____
_____
_____
_____
_____
_____
_____

SAKÉ NAME _____ **ABV** _____

BREWER _____ **PRICE** _____ **DATE** _____

SAKÉ GRADE _____ **MY RATING** ☆ ☆ ☆ ☆ ☆

FLAVOR WHEEL

ALCOHOL
HEAT
UMAMI
BALANCE
FLORAL
BODY
BITTER
SOUR
SPICY
SWEET
NUTTY
FRUITY
EARTHY
CITRUS
HERBY
MELON

STYLE

KOSHU	☐	KIMOTO	☐
NAMA	☐	NIGORI	☐
GENSHU	☐	OTHER	☐

SAKÉ STATS

RPR _____
ACIDITY _____
YEAST _____
TEMP _____

NOTES _____

_____
_____
_____
_____
_____
_____
_____
_____
_____

SAKÉ NAME _____ **ABV** _____

BREWER _____ **PRICE** _____ **DATE** _____

SAKÉ GRADE _____ **MY RATING** ☆☆☆☆

FLAVOR WHEEL

ALCOHOL
HEAT   UMAMI
BALANCE   FLORAL
BODY   BITTER
SOUR   SPICY
SWEET   NUTTY
FRUITY   EARTHY
CITRUS   HERBY
MELON

STYLE

KOSHU	☐	KIMOTO	☐
NAMA	☐	NIGORI	☐
GENSHU	☐	OTHER	☐

SAKÉ STATS

RPR _____
ACIDITY _____
YEAST _____
TEMP _____

NOTES _____
_____
_____
_____
_____
_____
_____
_____
_____
_____
_____
_____

SAKÉ NAME _____ ABV _____

BREWER _____ PRICE _____ DATE _____

SAKÉ GRADE _____ MY RATING ☆☆☆☆☆

FLAVOR WHEEL

ALCOHOL
HEAT
UMAMI
BALANCE
FLORAL
BODY
BITTER
SOUR
SPICY
SWEET
NUTTY
FRUITY
EARTHY
CITRUS
HERBY
MELON

STYLE

KOSHU ☐   KIMOTO ☐
NAMA ☐   NIGORI ☐
GENSHU ☐   OTHER ☐

SAKÉ STATS

RPR _____
ACIDITY _____
YEAST _____
TEMP _____

NOTES _____
_____
_____
_____
_____
_____
_____
_____
_____
_____

SAKÉ NAME _____ ABV _____

BREWER _____ PRICE _____ DATE _____

SAKÉ GRADE _____ MY RATING ☆☆☆☆

FLAVOR WHEEL

ALCOHOL
HEAT
UMAMI
BALANCE
FLORAL
BODY
BITTER
SOUR
SPICY
SWEET
NUTTY
FRUITY
EARTHY
CITRUS
HERBY
MELON

STYLE

KOSHU	☐	KIMOTO	☐
NAMA	☐	NIGORI	☐
GENSHU	☐	OTHER	☐

SAKÉ STATS

RPR _____
ACIDITY _____
YEAST _____
TEMP _____

NOTES _____
_____
_____
_____
_____
_____
_____
_____
_____
_____
_____

SAKÉ NAME _____ ABV _____

BREWER _____ PRICE _____ DATE _____

SAKÉ GRADE _____ MY RATING ☆☆☆☆☆

FLAVOR WHEEL

ALCOHOL
HEAT
UMAMI
BALANCE
FLORAL
BODY
BITTER
SOUR
SPICY
SWEET
NUTTY
FRUITY
EARTHY
CITRUS
HERBY
MELON

STYLE

KOSHU ☐   KIMOTO ☐
NAMA ☐   NIGORI ☐
GENSHU ☐   OTHER ☐

SAKÉ STATS

RPR _____
ACIDITY _____
YEAST _____
TEMP _____

NOTES _____
_____
_____
_____
_____
_____
_____
_____
_____
_____
_____
_____

SAKÉ NAME _____ ABV _____

BREWER _____ PRICE _____ DATE _____

SAKÉ GRADE _____ MY RATING ☆☆☆☆

FLAVOR WHEEL

ALCOHOL

HEAT   UMAMI

BALANCE   FLORAL

BODY   BITTER

SOUR   SPICY

                            NUTTY

SWEET

                         EARTHY

FRUITY

CITRUS   HERBY

MELON

STYLE

KOSHU	☐	KIMOTO	☐
NAMA	☐	NIGORI	☐
GENSHU	☐	OTHER	☐

SAKÉ STATS

RPR _____

ACIDITY _____

YEAST _____

TEMP _____

NOTES _____

_____

_____

_____

_____

_____

_____

_____

_____

_____

_____

SAKÉ NAME _____ **ABV** _____

BREWER _____ **PRICE** _____ **DATE** _____

SAKÉ GRADE _____ **MY RATING** ☆ ☆ ☆ ☆ ☆

FLAVOR WHEEL

ALCOHOL
HEAT
UMAMI
BALANCE
FLORAL
BODY
BITTER
SOUR
SPICY
SWEET
NUTTY
FRUITY
EARTHY
CITRUS
HERBY
MELON

STYLE

KOSHU ☐   KIMOTO ☐
NAMA ☐   NIGORI ☐
GENSHU ☐   OTHER ☐

SAKÉ STATS

RPR _____
ACIDITY _____
YEAST _____
TEMP _____

NOTES _____
_____
_____
_____
_____
_____
_____
_____
_____
_____

SAKÉ NAME _____ ABV _____

BREWER _____ PRICE _____ DATE _____

SAKÉ GRADE _____ MY RATING ☆☆☆☆

FLAVOR WHEEL

ALCOHOL
HEAT   UMAMI
BALANCE   FLORAL
BODY   BITTER
SOUR   SPICY
                                      NUTTY
SWEET   EARTHY
FRUITY
CITRUS   HERBY
MELON

STYLE

KOSHU	☐	KIMOTO	☐
NAMA	☐	NIGORI	☐
GENSHU	☐	OTHER	☐

SAKÉ STATS

RPR _____
ACIDITY _____
YEAST _____
TEMP _____

NOTES _____

_____
_____
_____
_____
_____
_____
_____
_____
_____
_____
_____

SAKÉ NAME _____ ABV _____

BREWER _____ PRICE _____ DATE _____

SAKÉ GRADE _____ MY RATING ☆☆☆☆☆

FLAVOR WHEEL

ALCOHOL
HEAT
UMAMI
BALANCE
FLORAL
BODY
BITTER
SOUR
SPICY
SWEET
NUTTY
FRUITY
EARTHY
CITRUS
HERBY
MELON

STYLE

KOSHU ☐   KIMOTO ☐
NAMA ☐   NIGORI ☐
GENSHU ☐   OTHER ☐

SAKÉ STATS

RPR _____
ACIDITY _____
YEAST _____
TEMP _____

NOTES _____

_____
_____
_____
_____
_____
_____
_____
_____
_____
_____

SAKÉ NAME _____ ABV _____

BREWER _____ PRICE _____ DATE _____

SAKÉ GRADE _____ MY RATING ☆☆☆☆

FLAVOR WHEEL

ALCOHOL
HEAT   UMAMI
BALANCE   FLORAL
BODY   BITTER
SOUR   SPICY
SWEET   NUTTY
FRUITY   EARTHY
CITRUS   HERBY
MELON

STYLE

KOSHU ☐   KIMOTO ☐
NAMA ☐   NIGORI ☐
GENSHU ☐   OTHER ☐

SAKÉ STATS

RPR _____
ACIDITY _____
YEAST _____
TEMP _____

NOTES _____
_____
_____
_____
_____
_____
_____
_____
_____
_____
_____

SAKÉ NAME _____ **ABV** _____

BREWER _____ **PRICE** _____ **DATE** _____

SAKÉ GRADE _____ **MY RATING** ☆☆☆☆☆

FLAVOR WHEEL

ALCOHOL
HEAT   UMAMI
BALANCE   FLORAL
BODY   BITTER
SOUR   SPICY
                  NUTTY
SWEET
            EARTHY
FRUITY
CITRUS   HERBY
      MELON

STYLE

KOSHU ☐   KIMOTO ☐
NAMA ☐   NIGORI ☐
GENSHU ☐   OTHER ☐

SAKÉ STATS

RPR _____
ACIDITY _____
YEAST _____
TEMP _____

NOTES _____
_____
_____
_____
_____
_____
_____
_____
_____

SAKÉ NAME _____ ABV _____

BREWER _____ PRICE _____ DATE _____

SAKÉ GRADE _____ MY RATING ☆☆☆☆

FLAVOR WHEEL

ALCOHOL
HEAT   UMAMI
BALANCE   FLORAL
BODY   BITTER
SOUR   SPICY
SWEET   NUTTY
FRUITY   EARTHY
CITRUS   HERBY
MELON

STYLE

KOSHU ☐   KIMOTO ☐
NAMA ☐   NIGORI ☐
GENSHU ☐   OTHER ☐

SAKÉ STATS

RPR _____
ACIDITY _____
YEAST _____
TEMP _____

NOTES _____

_____
_____
_____
_____
_____
_____
_____
_____
_____
_____
_____

SAKÉ NAME _____ ABV _____

BREWER _____ PRICE _____ DATE _____

SAKÉ GRADE _____ MY RATING ☆☆☆☆☆

FLAVOR WHEEL

ALCOHOL
HEAT
UMAMI
BALANCE
FLORAL
BODY
BITTER
SOUR
SPICY
SWEET
NUTTY
FRUITY
EARTHY
CITRUS
HERBY
MELON

STYLE

KOSHU ☐   KIMOTO ☐
NAMA ☐   NIGORI ☐
GENSHU ☐   OTHER ☐

NOTES _____

SAKÉ STATS

RPR _____
ACIDITY _____
YEAST _____
TEMP _____

SAKÉ NAME _____ ABV _____

BREWER _____ PRICE _____ DATE _____

SAKÉ GRADE _____ MY RATING ☆☆☆☆

FLAVOR WHEEL

ALCOHOL
HEAT
UMAMI
BALANCE
FLORAL
BODY
BITTER
SOUR
SPICY
SWEET
NUTTY
FRUITY
EARTHY
CITRUS
HERBY
MELON

STYLE

KOSHU	☐	KIMOTO	☐
NAMA	☐	NIGORI	☐
GENSHU	☐	OTHER	☐

SAKÉ STATS

RPR _____
ACIDITY _____
YEAST _____
TEMP _____

NOTES _____

_____
_____
_____
_____
_____
_____
_____
_____
_____
_____

SAKÉ NAME _____ ABV _____

BREWER _____ PRICE _____ DATE _____

SAKÉ GRADE _____ MY RATING ☆☆☆☆☆

FLAVOR WHEEL

ALCOHOL
HEAT
UMAMI
BALANCE
FLORAL
BODY
BITTER
SOUR
SPICY
SWEET
NUTTY
FRUITY
EARTHY
CITRUS
HERBY
MELON

STYLE

KOSHU ☐   KIMOTO ☐
NAMA ☐   NIGORI ☐
GENSHU ☐   OTHER ☐

SAKÉ STATS

RPR _____
ACIDITY _____
YEAST _____
TEMP _____

NOTES _____
_____
_____
_____
_____
_____
_____
_____
_____
_____
_____

SAKÉ NAME _____ ABV _____

BREWER _____ PRICE _____ DATE _____

SAKÉ GRADE _____ MY RATING ☆☆☆☆

FLAVOR WHEEL

ALCOHOL
HEAT   UMAMI
BALANCE   FLORAL
BODY   BITTER
SOUR   SPICY
SWEET   NUTTY
FRUITY   EARTHY
CITRUS   HERBY
MELON

STYLE

KOSHU ☐   KIMOTO ☐
NAMA ☐   NIGORI ☐
GENSHU ☐   OTHER ☐

SAKÉ STATS

RPR _____
ACIDITY _____
YEAST _____
TEMP _____

NOTES _____
_____
_____
_____
_____
_____
_____
_____
_____
_____
_____
_____

SAKÉ NAME _____ ABV _____

BREWER _____ PRICE _____ DATE _____

SAKÉ GRADE _____ MY RATING ☆☆☆☆☆

FLAVOR WHEEL

ALCOHOL
HEAT   UMAMI
BALANCE   FLORAL
BODY   BITTER
SOUR   SPICY
SWEET   NUTTY
FRUITY   EARTHY
CITRUS   HERBY
MELON

STYLE

KOSHU ☐   KIMOTO ☐
NAMA ☐   NIGORI ☐
GENSHU ☐   OTHER ☐

SAKÉ STATS

RPR _____
ACIDITY _____
YEAST _____
TEMP _____

NOTES _____
_____
_____
_____
_____
_____
_____
_____
_____
_____
_____
_____

SAKÉ NAME _____ **ABV** _____

BREWER _____ **PRICE** _____ **DATE** _____

SAKÉ GRADE _____ **MY RATING** ☆☆☆☆

FLAVOR WHEEL

ALCOHOL
HEAT   UMAMI
BALANCE   FLORAL
BODY   BITTER
SOUR   SPICY
SWEET   NUTTY
FRUITY   EARTHY
CITRUS   HERBY
MELON

STYLE

KOSHU	☐	KIMOTO	☐
NAMA	☐	NIGORI	☐
GENSHU	☐	OTHER	☐

SAKÉ STATS

RPR _____
ACIDITY _____
YEAST _____
TEMP _____

NOTES _____
_____
_____
_____
_____
_____
_____
_____
_____
_____
_____
_____

SAKÉ NAME _____ ABV _____

BREWER _____ PRICE _____ DATE _____

SAKÉ GRADE _____ MY RATING ☆☆☆☆☆

FLAVOR WHEEL

ALCOHOL

HEAT   UMAMI

BALANCE   FLORAL

BODY   BITTER

SOUR   SPICY

SWEET   NUTTY

FRUITY   EARTHY

CITRUS   HERBY

MELON

STYLE

KOSHU	☐	KIMOTO	☐
NAMA	☐	NIGORI	☐
GENSHU	☐	OTHER	☐

SAKÉ STATS

RPR _____
ACIDITY _____
YEAST _____
TEMP _____

NOTES _____

_____
_____
_____
_____
_____
_____
_____
_____

SAKÉ NAME _____ ABV _____

BREWER _____ PRICE _____ DATE _____

SAKÉ GRADE _____ MY RATING ☆☆☆☆

FLAVOR WHEEL

ALCOHOL
HEAT   UMAMI
BALANCE   FLORAL
BODY   BITTER
SOUR   SPICY
SWEET   NUTTY
FRUITY   EARTHY
CITRUS   HERBY
MELON

STYLE

KOSHU	☐	KIMOTO	☐
NAMA	☐	NIGORI	☐
GENSHU	☐	OTHER	☐

SAKÉ STATS

RPR _____
ACIDITY _____
YEAST _____
TEMP _____

NOTES _____
_____
_____
_____
_____
_____
_____
_____
_____
_____
_____

SAKÉ NAME _____ ABV _____

BREWER _____ PRICE _____ DATE _____

SAKÉ GRADE _____ MY RATING ☆☆☆☆☆

FLAVOR WHEEL

ALCOHOL
HEAT   UMAMI
BALANCE   FLORAL
BODY   BITTER
SOUR   SPICY
SWEET   NUTTY
FRUITY   EARTHY
CITRUS   HERBY
MELON

STYLE

KOSHU ☐   KIMOTO ☐
NAMA ☐   NIGORI ☐
GENSHU ☐   OTHER ☐

SAKÉ STATS

RPR _____
ACIDITY _____
YEAST _____
TEMP _____

NOTES _____

_____
_____
_____
_____
_____
_____
_____
_____
_____
_____
_____

SAKÉ NAME _____ ABV _____

BREWER _____ PRICE _____ DATE _____

SAKÉ GRADE _____ MY RATING ☆☆☆☆

FLAVOR WHEEL

Flavor wheel with axes: ALCOHOL, UMAMI, FLORAL, BITTER, SPICY, NUTTY, EARTHY, HERBY, MELON, CITRUS, FRUITY, SWEET, SOUR, BODY, BALANCE, HEAT

STYLE

KOSHU	☐	KIMOTO	☐
NAMA	☐	NIGORI	☐
GENSHU	☐	OTHER	☐

SAKÉ STATS

RPR _____
ACIDITY _____
YEAST _____
TEMP _____

NOTES _____
_____
_____
_____
_____
_____
_____
_____
_____
_____
_____

SAKÉ NAME _____ ABV _____

BREWER _____ PRICE _____ DATE _____

SAKÉ GRADE _____ MY RATING ☆☆☆☆☆

FLAVOR WHEEL

ALCOHOL

HEAT   UMAMI

BALANCE   FLORAL

BODY   BITTER

SOUR   SPICY

       NUTTY

SWEET

       EARTHY

FRUITY

CITRUS   HERBY

MELON

STYLE

KOSHU ☐   KIMOTO ☐
NAMA ☐   NIGORI ☐
GENSHU ☐   OTHER ☐

SAKÉ STATS

RPR _____
ACIDITY _____
YEAST _____
TEMP _____

NOTES _____
_____
_____
_____
_____
_____
_____
_____
_____
_____
_____
_____

SAKÉ NAME _____ **ABV** _____

BREWER _____ **PRICE** _____ **DATE** _____

SAKÉ GRADE _____ **MY RATING** ☆☆☆☆

FLAVOR WHEEL

ALCOHOL

HEAT · UMAMI

BALANCE · FLORAL

BODY · BITTER

SOUR · SPICY

SWEET · NUTTY

FRUITY · EARTHY

CITRUS · HERBY

MELON

STYLE

KOSHU	☐	KIMOTO	☐
NAMA	☐	NIGORI	☐
GENSHU	☐	OTHER	☐

SAKÉ STATS

RPR _____

ACIDITY _____

YEAST _____

TEMP _____

NOTES _____

_____

_____

_____

_____

_____

_____

_____

_____

_____

_____

_____

SAKÉ NAME _____ ABV _____

BREWER _____ PRICE _____ DATE _____

SAKÉ GRADE _____ MY RATING ☆ ☆ ☆ ☆ ☆

FLAVOR WHEEL

ALCOHOL
HEAT
UMAMI
BALANCE
FLORAL
BODY
BITTER
SOUR
SPICY
SWEET
NUTTY
FRUITY
EARTHY
CITRUS
HERBY
MELON

STYLE

KOSHU ☐   KIMOTO ☐
NAMA ☐   NIGORI ☐
GENSHU ☐   OTHER ☐

SAKÉ STATS

RPR _____
ACIDITY _____
YEAST _____
TEMP _____

NOTES _____
_____
_____
_____
_____
_____
_____
_____
_____
_____
_____
_____
_____

Other books from HTJ Publications

Available at Amazon.com

Made in the USA
Middletown, DE
07 September 2023

38161989R00068